W0347712

Dorothea Meadows & Gudrun Jantschke

Paul Pampelmuse will kein Gemüse

Für Kai, Jack, Luzie und Paula.

Danke an Moritz und Mark

Dorothea Meadows und Gudrun Jantschke, geboren 1974 in Karl-Marx-Stadt (heute: Chemnitz), sind Zwillingsschwestern. Sie sind unzertrennlich - zumindest im Geiste. Das Leben hat die beiden für einige Jahre in unterschiedliche Richtungen getrieben: Gudrun studierte an der Kunsthochschule Berlin-Weißensee, ging als Designerin nach Herzogenrauch und bereiste später per Segelschiff die Welt. Dorothea wurde Sportjournalistin, lebte in London und berichtete vom Fußball und von der Formel 1. Als die beiden sich in Berlin wieder zusammenfanden, hatte Gudrun schon zwei Töchter und Dorothea zwei Söhne. Für diese vier und alle anderen lieben, frechen, abenteuerlustigen Kleinen ist der Paul Pampelmuse entstanden, in dessen Erlebniswelt sich viele Kinder wiederfinden. »Paul Pampelmuse will kein Gemüse« ist ihr zweiter gemeinsamer Band. 2023 erschien: »Paul Pampelmuse will einen Hund«.

Dorothea Meadows & Gudrun Jantschke

PAUL PAMPELMUSE

will kein Gemüse

Eulenspiegel Kinderbuchverlag

Paul Pampelmuse ist bald sieben.
Gern zeigt er uns hier seine Lieben:
den Hund Potter, Nachbar Schmidt,
Freundin Bea, Oma und Grit –
seine Mama, die er liebt,
außer wenn's Gemüse gibt.

PEACE

Gutes Essen macht uns froh.
Paul, der sieht das ebenso.
Pizza, Nudeln, Bratmaultaschen,
hier und da etwas zu naschen.
Am liebsten mag er Eierreis
und danach ein Himbeereis.

Ein Tag jedoch, jahrein, jahraus,
ist für Paul der größte Graus.
Jeden Freitag bäckt die Mutter
einen Auflauf. »Schweinefutter«,
mault der Paul und findet's eklig.
Mama schimpft: »Du bist so mäklig!«

»Hör einmal, mein lieber Sohn,
das Gericht hat Tradition.
Ich backe die Gemüsespeise
immer auf die gleiche Weise.
Wie die Oma es einst tat,
mit Gemüse, Eiern, Quark.
Obendrauf dann Appenzeller,
es ist der perfekte Teller.«

Paul wird einfach flau im Bauch,
denkt er an den Freitagsbrauch.
Er will mit der Bea sprechen,
um die Tradition zu brechen.

Bea kann schon viele Sachen,
hilft zu Haus beim Essen machen.
»Sag doch deiner Mama hier,
diesen Freitag kochen wir.
Und dann ändern wir die Speise,
machen es auf unsre Weise.«

»Unsre Weise? Du meinst wohl,
ohne Erbsen? Rosenkohl?
Mama würde traurig sein,
machen wir nichts Grünes rein.«

APFEL-RINGE!
APFEL-RINGE!
APFEL-RINGE!
DROPS
COOL
mmmh...

Will er Mama nicht verletzen,
muss Paul Grün mit Grün ersetzen.
Was ist grün und megalecker?
Richtig, was vom Zuckerbäcker.

Wie wäre es mit Gummibärchen?
Mensch, es wäre wie im Märchen.
Grüne Drops und Apfelringe,
statt des Käses gelbe Dinge.

mmmh...
APFEL-
RINGE!
DROPS
VANILLE
SOßE

Zurück zu Hause wird gerührt, angeschwitzt und durchpüriert.
In den Ofen dann gepackt, wo es blubbert, spritzt und backt.

Und da schellt auch schon die Klingel.
Mama kommt und bringt den Schlingel
Potter mit. Dann kommt auch Oma.
Sie staunt: »Was für ein Aroma!«

Paul ist jetzt doch alarmiert.
Was, wenn das nicht funktioniert?
Er tischt auf und mit 'nem Klatsch
fließt der gelblich-grüne Matsch
auf die Teller.

»Das ist doch kein Appenzeller«,
sagt die Mama und verharrt.
Hat der Paul sie hier genarrt?

Oma muss als Erste lachen.
»Was macht ihr denn da für Sachen?
Ich sag's aufs Geratewohl:
Das ist doch kein Rosenkohl!«

Bea schaut nervös herum.
Nimmt Pauls Mama das jetzt krumm?
Paul sagt: »Diese Tradition
mit dem Auflauf, du weißt schon.
Ich kann sie wirklich nicht ertragen.
Wollte mal was andres wagen.«

Oma kann sich kaum noch halten.
»Tradition ist für die Alten.

DESHALB ORDNE ICH JETZT AN,
DASS DIESER BRAUCH GERN GEHEN KANN.«

Nun fängt Mama an zu grinsen,
geht zum Schrank, holt Schokolinsen.
»Wisst ihr was, es ist nur fair:
Heute gibt's zuerst Dessert!«

»Und dann gehn wir alle Mann
zu Herrn Schmidt und fragen an,
was er in seinem Garten hat,
machen uns einen Salat.«

Paulchen sinkt sogleich der Mut:
Mamas Idee ist gar nicht gut.
Dieser Tag ist zum Vergessen.
Nun muss er doch noch Grünzeug essen.

Schnippschnapp!
Mmmhh
Sssssssss

Tirili
Schnupper,
schnupper...
Rupf, rupf!
Schwitzzzz
Gluckgluckgluck

Aber irgendwie schmeckt's gut,
wenn man sich zusammentut.
Rohkost knabbern, lachen, scherzen.
Der neue Brauch geht so zu Herzen.

**Und den gelblich-grünen Dreck? Hat Potter heimlich weggeschleckt.
Und den Gummibärchenfladen? Den hat Potter auch im Magen.**

Eulenspiegel Kinderbuchverlag –
eine Marke der Eulenspiegel Verlagsgruppe Buchverlage

ISBN 978-3-359-03071-3

1. Auflage 2024
© Eulenspiegel Verlagsgruppe Buchverlage GmbH, Berlin
Alle Rechte der Verbreitung vorbehalten. Ohne ausdrückliche Genehmigung des Verlages ist es nicht gestattet, dieses Werk oder Teile daraus auf fotomechanischem Weg zu vervielfältigen oder in Datenbanken aufzunehmen.

Umschlag- und Innengestaltung: Gudrun Jantschke
Druck und Bindung: buchdruckerei.de, Berlin

www.eulenspiegel.com